allysson gudu

além dos sentidos

Ao Amigo André, que a corrida e equipe Galo Runners me presenteou e o "pacê" da Amizade segue no ritmo da Viola! Obrigado pela presença!
Gudu 06/04/2019

crivo

sumário

21 gramas X 1,5 kg.....11
a cidade é linda vista de longe.....12
antissuperficialidade.....14
best-seller.....15
boca a boca.....16
comodidade.....17
despertar / libertar.....18
dia de cúmbia.....19
o poeta falou (re-evoluções).....20
comprovado: o gato tem 7 vidas.....21
pé de cachorro.....22
reviver (the fenix).....23
simulacro.....24
desfecho.....25
mutações.....26
seiva.....27
carnaval maldito.....28
coisa do capeta.....29
ego mundial.....30
ótimas intenções.....31
prioridades.....32

sem palavras..33
vampiros...34
rejeito hipocrisias...35
vida...36
entre o singular e o plural...............................37
encontros...38
recado à vida..39
colapso...40
espetáculos/indivíduos/universos..................41
ode à classe operária.......................................42
amordaçado..43
interrogações..44
ainda...45
2018...46
fuga veloz..47
poema do desgosto em ré maior.....................48
sincero..49
cosmovisões..50
incapacidade de alma.......................................51
autocosmos...52
esquecido dos afazeres 53
sanguessuga bulímica.......................................54
total leviandade...55

antimisoginia..56
avidez..57

outros sentidos

o amor é uma droga.....................................61
the last night..62
recomeço...64
1968...65
encontro dos rios...66
poemas do mundo..67
full time..68
fim do mundo..69
todos a bordo..70
afeto estéril...71
lembranças de uma saudade.......................72
sexo..73
sofrer..74
fetiches...75
coração X razão..76
autoimobilidade...77
poema de amor..78

Para meus avós

Antônio José,
Geny José da Silva,
Laudelino da Costa Lima,
Maria Augusta Lima
(*in memoriam*).

Às minhas sobrinhas Isadora e Verônica, que me ensinam que na vida tudo muda, tudo passa, e que me relembram o que eu sempre esqueço: a simplicidade das coisas.

E a todos os movimentos libertários
espalhados pelo globo terrestre

"E da morte, não há como desviar,
O tempo encurtou, então devo me expressar."
Criolo

"There's a wild man in my head"
Morrissey

"The difference between life and art is art is more bearable."
Charles Bukowski

Não crio nada de novo, neste livro limitei-me à organização de antigas verdades, de relatos que não fazem parte daquilo que se chama a grande arte.

Numa forma prática e direta, escrevo a fim de que eu possa tirar os leitores das zonas de conforto, numa evidente urgência de expressar minhas verdades, sem pretensão de que sejam aceitas por tod@s!

Boa leitura, venha de espírito aberto!

21 gramas X 1,5 kg

A chateação
Faz o coração
Ficar tão amargo
Parece estar sendo
Torcido dentro do peito
Na ânsia de sair tudo de ruim
Para se renovar no âmago
Passados os instantes
Das crueldades recebidas
Lateja em 100 batidas por minuto
E por alguns segundos adiam-se sofrimentos
Mas a intuição me ajuda, adiantando-os
E sensitivo que soul
A alma fica preparada
Mas frente ao fato
O peito explode
Feito maracatu de baque virado
Saio meio desconcertado
Abafo-me
Torno-me duas vezes mais observador.
Observo a dor
Absorvo a dor.

a cidade é linda vista de longe

A minha vez passou
Já era
Tentando lembrar o que foi de mais sério me tira do sério
E isso não pode ser um bom sinal
Coisas horríveis passam em minha cabeça muitas vezes ao dia
Já não quero falar sobre isso
Que meus demônios fiquem comigo
Que minha maldição fique comigo
Não vim pra vida pra tanta burocracia
Quem me pediu este maldito sacrifício?
Ah, loucuras, loucuras, loucuras
Muitas loucuras
A vida é louca e a alegria é pouca
Eu quero um lugar para admirar a vista
Ficar à vontade, sorrir e ter prazer.
Sem sacanear ninguém, sem maltratar ninguém
Mas ainda há tantas e tantas perguntas sem respostas
É, vida, eu estou te conhecendo melhor a cada ano que passa
E sigo sempre desconfiado
Pois sei que sua euforia sedativa é angustiante
E mesmo assim vou morrer sem esta dor passar
(e o que é a noção de dor?).
Vida, eu não sei se vou ter você de volta
E pro meu ego que é enorme
É uma tarefa muito difícil
Por enquanto o tesão não acabou

E eu fico mais um pouquinho
Abro uma cerveja
E firme e forte encaro o que vier e acontecer
Encaro de frente
E você sabe que sim
Sem mentiras
E, vida, você é incrivelmente linda
(eu é que sou um babaca solitário)
E isto é horrível
Eu falo sério
Ser feliz e nada mais
Pois o gosto da ruína
Corrói a alma
E nos desampara totalmente
E neste momento nada mais importa pra mim
A vida é curta demais pra ser covarde.

antissuperficialidade

Vesti azul para abrir os meus caminhos
Sei que o mal olhado sempre existiu
E sem qualquer julgamento ou "ismo"
Eu faço o que tem que ser feito
Ninguém sabe por onde caminhei
Muito menos que calçado usei
Todos querem ser equilibrados
E se emaranham cada vez mais...
Eu estou em paz comigo mesmo
Não tento ser melhor do que sou
Minha fraqueza é a minha maior riqueza
Ninguém comanda minha felicidade
Além de uma escola
A vida é um desafio...
Ninguém sabe por onde caminhei
Muito menos que calçado usei.
Não necessito de compaixões alheias
Não me importo com o que os outros pensam a meu respeito
Faço o que é correto a minha causa
Meu coração segue feliz com ou sem seu consentimento.

best-seller

Nem todo poeta é triste
Nem todo poeta sente dor
Eu não sou triste
Mas já senti tanta desventura...

Agora quero mesmo é virar poeta
Da vida tomei tanta facada no peito
E tapa na cara
Que este negócio de poesia
Vai me tornar um best-seller
Qualquer dia!

boca a boca

Conheci a poesia em pessoa
(no ritmo ligeiro da vida)
Ao vivo e a cores ela materializou
Meus sonhos em palavras
Mostrou-me que são as mentiras que complicam a vida
A poesia não tem fórmula
Ela tem asas fecundadas com hormônios de adolescentes
Sedenta por experiências
A poesia se delicia
Em casa
No bar
Ou na rua de qualquer cidade
Sem nem trocar de roupa
Fixa-se quando escrita
Ou no boca a boca dos poetas.

comodidade

Acordei às 7 horas da manhã hoje
O dia foi super tranquilo
Mesmo com a mente tão conturbada
19h30 da noite já estava chegando em casa
E por mais familiares que as ruas me pareçam
A cada esquina só vejo desconhecidos
O contorcer do peito
Faz doer até as costas
E por não serem largas
Ficam incomodadas com o peso do mundo!
Em alguns convívios ultrajantes
Eu enxergo o lado positivo da força
E em outros eu evito mesmo
A fadiga e o mal estar
O sórdido fingimento passou...
Demorado e lento foi esvaído
Passou...
Tem gente boa que é melhor evitar.

despertar / libertar

Sabe-se que a maturidade chegou
Quando seguramos granadas explodindo no peito
Sem escorrer uma só lagrima no rosto
Mesmo com tanto estilhaço
Mesmo todo destroçado.

dia de cúmbia

Hoje é um dia daqueles
Que se lava a alma, mesmo engolindo seco: pó, poeira e fuligem
E não preciso que me vejam
Ou tenham solidariedade à minha causa.
Pero se vieres bailar
Ai! la noche no irá findar!

o poeta falou (re-evoluções)

...e como já dizia o poeta...
A vida é feita de rupturas....
E de revoluções....

comprovado: o gato tem 7 vidas

Tenho crises de ansiedade que me fazem suar frio
E mesmo com tanta interpelação
Eu sigo positivamente
Sem entender o porquê
De se matar ou morrer por amor.

Nunca matei
Mas só este ano
Eu já fui morto
(com requintes de crueldade)
Umas 3 vezes.

pé de cachorro

Cão vira-lata de rua que sou
Eu não imploro carinho
O que eu caço todos os dias
Pelas portas de bares, igrejas, casas e padarias
É comida!
Sigo sem *pedigree* nenhum
Os seres humanos
São seres estranhos
Desrespeitam-se da forma mais sórdida
Eu sou um cão
Os humanos com suas atitudes
Eu não sei o que são...

"...eu quero paz e arroz, amor é bom e vem depois..."*

* Jorge Ben

reviver (the fenix)[1]

Minha essência é anarquista libertária
E não será jamais esquecida
O ir além de si mesmo, ah, o ir além
Deixa o ego pequeno demais frente à maestria da liberdade
Sem a inquietação cessar
Completo-me no conjunto de diferenças dos outros seres
E dos meus não entendimentos
No dia a dia sem hora nem vez para acontecer
Não engano e nem me engano
Enganado já fui de forma terceirizada
Viro, reviro e Revivo
Seja na ética ou na lei do cão
Donde eu venho, caguete, não tens valor nenhum.

[1] ao som de Mistério do Planeta – Novos Baianos.

simulacro

Alguns têm talento
Alguns têm grana
E no simulacro das coisas
As aparências enganam
Não simulo nada
Sou simpático só quando eu quero.

desfecho[2]

Devaneios nem sempre têm cores
Fantasias também podem ser coloridas
Sábado à tarde no purgatório se fazem piqueniques
Os *pubs* estão no inferno
Nas recordações de uma viagem sinto conforto
Sem duplo sentido...

Tudo parece estar envolto em plástico filme
As pessoas não vivem a fundo as sensações
Eu de vida transbordo
Bailo na beira de um abismo
Sem susto de frente ao entardecer
A poesia segue entrelaçada...

Intuições me surgem nos sonhos
Os sonhos nos aprisionam
Eu sigo prisioneiro
Horrorizado com tanta hipocrisia
Na rua
No convívio
E nos bailes de caridade.

[2] inspirado nas obras de Athos Bulcão.

mutações

Não há causa perdida
Nos contratempos e enrascadas da vida
(Tudo se transforma)
Expiro tudo em poesias, azias e más digestões.

seiva

O leite que eu bebo
É tirado de pedras
E ultimamente só de pedregulhos tenho me servido.
(seiva da selva de pedras)

carnaval maldito

O carnaval só é maldito
Pra quem não bebe,
Não viaja
E não samba!

coisa do capeta

O orgulho é uma coisa besta.

ego mundial

O maior mundo que existe
é o nosso interior,
aliás, é o meu interior.

ótimas intenções

Os conflitos surgem no eu interior
No mundo inteiro e no meio em que vivo
Perspicaz
Contundente
Intransigente
Assim eu o sou...
E lhes pergunto:
Há perspectivas perante uma sociedade intolerante, insensível,
imediatista e hipócrita?

prioridades

A
cidade
não
é
(minha)
necessidade.

sem palavras

...é muito bom saber
que minha sensibilidade
ainda respira...

vampiros

Como posso despertar tanto interesse?
Querem meu corpo
Querem meu humor
Querem meu sorriso
Querem minhas lágrimas
Querem meu suor
Algo para vocês ou algo para alguém?
Ninguém
Que meu despertar seja pelo não espelhar
Em nada
Em ninguém
Minha alma segue indestrutível
Apesar dos seres vampirescos a me cercar.

rejeito hipocrisias

Declarações que afrontam as cumplicidades
Situações propositais
E o jogo é sujo
Com palavras malvadas
Que transmitem ilusões
Em que promessas são diferentes de compromissos
Prefiro honrar os compromissos
São mais próximos do respeito
Nos entraves da vida
(Obrigado, mãe)
Fui vacinado bem novinho
Contra mau humor e falta de amor-próprio
Mas depois de crescido
Adquiri muito medo de algumas pessoas
(Oh! humanos)
Ao menos ainda rejeito a hipocrisia!

vida

A vida segue no olho do furacão
Cachoeira em época de chuva
Mar revolto
Ou sol no Saara...
Exemplos fiéis da minha...
Sigo sempre em frente
Sem dar um passo pra trás
"Armas" em punho
E cabeça erguida
Sigo sempre em frente
No ataque.

entre o singular e o plural

Se existe
Uma coisa chamada derrota para uns
Existem mil coisas chamadas vitória para mim.

encontros

A arte imita a vida
E a vida imita a arte
A arte de viver encontros inusitados
Alimenta a juventude que acumulo com o passar do tempo
São aparições fulminantes que me marcam
E, como um qualquer, meu instinto me guia
Fortemente como uma sessão de eclipse solar/lunar
"...rosa e roxo são cores com tonalidades diferentes..."
O roxo violeta transcende meus olhos
Índice independente despertador de vontades
Com o enlace poético de toda boêmia
Lado a lado
Frente a frente
Com o sabor da cerveja
Em bares diferentes
Trazem-me a conclusão:
"Eu, um completo apaixonado"
As coisas boas despertam-me tanto apego
Eu não consigo assimilar a ideia de morte
Ao tempo que minha cronológica idade perece no tempo
Com o rápido passar dos anos
A vida acontece
Todos os dias
Com ou sem preces
Tudo que existe
Um dia acontece.
(não há no mundo uma só pessoa que não queira voltar no tempo)

recado à vida

Amplio minha hipocrisia
ao quadrado
para conviver
com seu jeito
passado
presente
futuro
de ser.

colapso

Atordoado
entrego-me à sinceridade
e sou eu mesmo
podem me chamar de bêbado
enquanto estiver
de pé
eu negarei.

espetáculos / indivíduos / universos

Espetacular como só uma performance teatral de rua pode ser
Espontaneamente natural
No "eu" comum, também sou único
ESPETACULARES UNIVERSOS INDIVÍDUOS!
Sem sentimentalismo hipócrita
Sou totalmente a favor das piratarias
Transloucado ainda mais pela autenticidade das pessoas.

ode à classe operária

Não penso em nada
e um questionamento me domina
Por que a vida das formigas é tirada?

amordaçado

Portas entreabertas
janelas do caos
nas configurações ofuscantes
que um dia podem apresentar
Aflições
Incoerências
Frustração
Frustrações
No grau máximo
de tal limite humano
Insatisfeito perante alguns atos
Insatisfeito perante algumas realidades
Prossigo gritando amordaçado.

interrogações

Quando não se acredita,
Tudo bem.
Mas e quando o abstrato se concretiza
na sua frente?

ainda

O mundo ainda será dominado
dominado pelas mulheres
todas elas ditas “feias”, “gordas” e “velhas”...

Todas elas adultas
Empoderadas!

Todas elas minhas musas.

2018

Em dois mil e dezoito
Tive a pretensão de lançar dois livros
Um solo
Um acompanhado
Novembro chegou
O natal também
E o ano escorreu pelo ralo...

(planos furados)

O que houve de errado?
...ah, foi só a falta de tempo...
Além de toda a minha procrastinação!

fuga veloz

Saí na direção oposta
Na intensidade da coisa

Reneguei e renego.
Regurgitei e regurgito.
Rechacei e rechaço.

Me reanimo.

Longe dos fragmentos plásticos
Sem sabor
Sem odor
Sem cor
Sem vida.

(...e que pseudointitulam-se nova vanguarda...)

Fujo,
Ignorando, abominando, desconfiando e desconhecendo.
Não finjo simpatia.

poema do desgosto em ré maior

A garota de coque e jeans desbotado
Viaja em pé no ônibus
Atenta a olhar
Sinto sua leveza.

Instiga incertezas

O que faz a sua energia vibrar?
O que faz o seu coração pulsar?

Não questiono aqui o fator biológico.

No doce do ambulante
A garota de coque e jeans desbotado
Saboreia o viver.

sincero

As diferenças sinceras
Sempre expostas no consenso
Denominam-se amizades
Sem premeditações
São coisas que
Algumas pessoas
Para comigo
Nunca vão atingir
Desculpem-me.

cosmovisões

As relações estão cada vez mais insólitas
Demasiadamente descartáveis
Imediatismos
Compulsões
Alter(ego)ações
O real convívio é banido no dia a dia
Hipocrisias são veneradas
E o mau do século XXI tem nome: ser humano.

incapacidade de alma

As pessoas estão vivendo em agremiações de medo
Algumas com lacunas imensas em seus sentimentos
Mostram que impulsividades não são possibilidades
Não encaram os problemas internos / externos de frente
Exercem uma fuga fugaz
Ao som do novo hit da nova banda descolada
Super pra *frentex*, ultra *modernex*
Onde ondas sonoras ecoam em alto e alienante som
(Ó canto da sereia!)
Faz as vontades caóticas despertarem
(Ó canto da serpente!)
Não há nada de libertário nisso
Exauridas ao extremo
Sedentas seguem
Em direção aos altares das vaidades
Sedentas seguem
Em direção aos altares dos egos
Antes do crepúsculo, temem cair em esquecimento
E nos lugares longe de casa onde tudo é permitido
Reproduzem os mesmos métodos retrógados e abusivos de
[mentiras, segregações, anulações, explorações e opressões.
E não há nada de libertário nisso
Apenas ausência de capacidade de entendimento
Incapacidade de alma.

autocosmos

Entenda
Eu sou verdadeiro
Não uma lenda
Acabe com suas expectativas
Acabe com suas compulsivas expectativas.

esquecido dos afazeres

O esquecimento é extremo
O romper com o tempo e os deveres me consome
Ao mesmo tempo em que me liberta
E as consequências?
Ah, as consequências
Eu não quero nem saber!

sanguessuga bulímica

Sangue sedenta:
ela não se entregou ao meu amor
sugou, sugou, sugo
E depois *cusparou.*

total leviandade

A ninfa da intuição é uma grande aliada
Sempre sopra algo em meus ouvidos
A vida nesse jeito que aí está
Com tanta efemeridade
Nunca deixou de ser sincera comigo
Agora, cá entre nós
Que carga pesada de inveja a nos cercar
Deposito cada confiança
Que às vezes transborda
Como privada entupida
E aí oprimido mais uma vez se torna opressor
Liberdades à parte que cada um defende com unhas e dentes
Eu ainda chamo de leviandade.

antimisoginia

Dizem as más
E as boas línguas
Que a mulher quando quer
Levanta
Ou derruba o homem.
Será isto um fato?
Sem achismo
Sigo alheio às falácias
Tenho uma intuição fortíssima também
Às vezes, mais que a razão
E com convicção
Mulheres, eu as amo!
Não perco minha filoginia
Pelas de alma
Nem pelas de corpo!

avidez[3]

Nossos corpos são os verdadeiros templos
Se há espiritualidade ela está em nós e na natureza
Nós somos a natureza
Sobre o signo influente das amizades
Esvai-se o calor, o carinho e a consideração...

Sorrindo com ódio, sorrindo libertar
Fazendo tudo agora
Fazendo tudo agora
Sem nada, sem nada

Mal sabem elxs que eu @s conheço agora

e o que elxs esquecem eu finjo que esqueço...

Sigam o seu caminho
o meu eu sei qual é
antes do tardar
sigam e libertem-se!

[3] adaptações de poemas de Gudu / Joelson Simões / Discarga Violenta.

outros sentidos

o amor é uma droga

O amor é uma droga
Os amantes, os viciados
O beijo é o preparo da droga
Noiados, os amantes olham para os lados
Para o momento exato do consumo e acender o sarro.

the last night

Teve sarau
Cerveja
Cigarro
Queijo
Pitaya
E cachaça
Um autêntico vislumbre lúdico pela diferença
Vozes dos debaixo
Negros e negras em sua resistência
Mulheres em seu empoderamento
Fantasias nas cabeças de todos/todas presentes
E bem na ponta da mesa
Acontece o sexo
Na mão gentil
Que toca o corpo, braços e pernas
Sem penetração
Mas o tesão é latente
O bom entendedor
Fareja os sinais
O corpo não mente
O corpo não mente
Ao público
Distribui-se uma atenção "obrigatória"
Para cumprir tabela
E aumentar os *likes* na virtualidade
Aglutinando variedades, com perversidades

A artista volúvel pediu licença
Num tom de voz
Que dizia adeus...
Deixando no vácuo
Um compartilhamento de fidelidades
E códigos internos
No espaço de tempo
De 20 minutos antes do fim da noite...
Os corpos não mentem
Os corpos não mentem
E demonstram o quão rasas as pessoas se tornaram
A artista volúvel também é rasa
Foi embora
Sem nem olhar pra trás
Agarrada aos braços
De seu novo passatempo
Rapaz.[4]

[4] Essa é uma história fictícia, qualquer semelhança com personagens, acontecimentos ou fatos reais é mera coincidência

recomeço

Todos os dias são de recomeços
Às vezes não tão explícitos
Mas realmente são de recomeços
Os dias também são
De até logo
De até breve
E de até nunca mais.

1968

Encontrar no porvir
A possibilidade de renovação da vida
Regando os corações
Com vozes vorazes
Um hino ao amor e à liberdade.

encontro dos rios[5]

Ao amigo Eduardo Jorge

Poetas são cartas
Poetas são amigos
Poetas são e-mails
Poetas são meios partidos
Poetas são encontros
Poetas são bares
Poetas são passagens
Ah! poetas que vão ao Rio, como rios vão de encontro ao mar.

[5] em 01/11/2014, após um hiato de tempo, um encontro inusitado no Rio de Janeiro.

poemas do mundo

Os mundos são poemas
Poemas bons
Poemas ruins
Eles existem
Onde as estrofes são as vidas
Todas como galáxias
Algumas mais curtas
Outras mais longas
Todas seguem viagem
São poemas do mundo.

full time

O bom do mundo moderno
É poder escolher
De quem gostar ou desgostar
Num piscar de olhos
Sem rabo preso e/ou favores.

fim do mundo

As relações são superficiais
As experiências são superficiais
As convivências são superficiais
As palavras são superficiais
Os respeitos são superficiais
Os gostos são superficiais
Os momentos são superficiais
Os sentimentos são superficiais
A poesia chega para tomar de assalto
Os seres
Tira-os da zona de conforto
Preenche as almas vazias
E as cabeças ocas
Sem fórmula ou modelo
Ame ou odeie
A poesia chega para tomar de assalto os seres.

todos a bordo

As tristezas
As dores
Os rancores
As mágoas
São passageiros de primeira viagem
Os sonhos
As vontades
Os desejos
As liberdades
São condutores que conhecem de cor o caminho.

afeto estéril

É alarmante a forma com que os patrões
os padrões e os privilegiados
tratam trabalhadorxs...

Mais que as incertezas
Dos movimentos pendulares diários
A falta de trato, resguardo e cuidado
Ultrapassa as latas das velhas "latas de sardinha"
Utilizadas duas, três, e até quatro vezes ao dia

Prolifera-se apenas o afeto estéril
Nas convivências desgastadas
Desde as essências
Desde uns tempos atrás,
Muitos tempos atrás.

lembranças de uma saudade

O par perfeito?
Uma garrafa e um copo:
Tim, tim.

sexo

Brincadeira dos adultos
Diálogo entre os corpos entrelaçados
Tomados pelo desejo.

sofrer

Sofrer por amor
Ninguém merece
Sofrer por um quase amor
É pior ainda.

fetiches

Todas as pessoas têm fetiches...
Todas as pessoas têm fetiches...
Algumas mais...
Outras menos...
Mas todas têm o fetiche de julgar as pessoas.

coração X razão

Divergências são inevitáveis
Porém, os fazem cúmplices.

autoimobilidade

As cidades são feitas para os carros.
Eu prefiro o mato, que é feito para o carrapato.

poema de amor

Precisaremos nos relacionar
Somente com médicos e/ou médicas
Cardiologistas!
Para que nossos corações
Sejam muito bem tratados.

Edição: Haley Caldas e Lucas Maroca de Castro
Capa, projeto gráfico e diagramação: Haley Caldas
Revisão: Amanda Bruno

Dados Internacionais de Catalogação na Publicação (CIP) de acordo com ISBD

G923a Gudu, Allysson

Além dos Sentidos / Allysson Gudu. - Belo Horizonte: Crivo Editorial, 04/2019.
80 p. ; 14cm x 21cm.

Inclui índice.
ISBN: 978-85-66019-91-9

1. Literatura brasileira. 2. Poesia. I. Título.

CDD 869.1
2019-403 CDU 821.134.3(81)-1

Elaborado por Vagner Rodolfo da Silva - CRB-8/9410

Índice para catálogo sistemático:
1.Literatura brasileira : Poesia 869.1
2.Literatura brasileira : Poesia 821.134.3(81)-1

Crivo Editorial
Rua Fernandes Tourinho, 602, sala 502
30.112-000 - Funcionários - Belo Horizonte - MG

www.crivoeditorial.com.br
contato@crivoeditorial.com.br
facebook.com/crivoeditorial
instagram.com/crivoeditorial